ESPASA
JUVENIL
POESÍA

# ESPASA JUVENIL

**POESÍA**

## Canta pájaro lejano

### JUAN RAMÓN JIMÉNEZ

40

ESPASA

ESPASA JUVENIL

Directora de colección: Nuria Esteban Sánchez
Diseño de colección: Juan Pablo Rada
Ilustraciones de Interior: Luis de Horna
Ilustración de Cubierta: Fernando Gómez

© De esta edición: Espasa Calpe, S. A.
© Herederos de Juan Ramón Jiménez

Primera edición: junio, 1981
Decimoséptima edición: septiembre, 2004

Depósito legal: M. 36.265-2004
I.S.B.N.: 84-239-8892-9

Impreso en España/Printed in Spain
Impresión: Huertas, S. A.

Editorial Espasa Calpe, S. A.
Complejo Ática - Edificio 4
Via de las Dos Castillas, 33
28224 Pozuelo de Alarcón (Madrid)

**Juan Ramón Jiménez,** *uno de los más grandes poetas españoles de este siglo, nació el 24 de diciembre de 1881 en Moguer (Huelva). «Para mí no existe más que la belleza», diría el poeta y a ella consagró su vida, dedicándose únicamente para su obra. Fue un niño retraído y soñador, y un adolescente melancólico que pintaba y escribía. Desde su Moguer natal marchó a Madrid a principios del siglo, con apenas diecinueve años y muchos versos. En 1900 publicó sus primeros libros,* Alma de violeta *y* Ninfeas, *que eran el comienzo de una larga obra y el descubrimiento de un poeta magistral que aspiraba a crear una obra perfecta. En 1914 publicó un maravilloso libro en prosa,* Platero y yo, *que los niños han hecho suyo. Recibe, en 1956, el premio Nobel «por su obra lírica, que constituye un ejemplo de alta espiritualidad y de pureza artística». El exilio le llevó, el verano de 1936, a tierras de América y nunca regresaría a España. Murió en San Juan de Puerto Rico el 29 de mayo de 1958.*

## Nota de edición

Los poemas de Juan Ramón Jiménez que forman esta antología juvenil, realizada por Felicidad Orquín, han sido seleccionados de diversos libros del poeta, desde sus primeros versos a la obra de madurez. *Baladas de primavera* (1910), *Nubes sobre Moguer* (poemas de 1896 a 1902), *Pastorales* (1911), *La frente pensativa* (1912), *Belleza* (1923), *Poesía* (1923), *Eternidades* (1918) y *La estación total* (1946). Para su ordenación se ha seguido un criterio de menor a mayor dificultad de lectura comprensiva, agrupando en primer lugar las poesías más musicales, aquellas que pueden recordarse con facilidad y grabarse en la memoria. Se ha respetado la peculiar ortografía de Juan Ramón en lo que respecta al uso único de la j en lugar de g en su sonido velar sordo. Así, escribe **antolojía,** en lugar de antología.

# Índice

# PRÓLOGO
## DE
# ANA PELEGRÍN

EN Moguer, en la Casa-Museo de Juan Ramón Jiménez está detenido el tiempo. Despaciosamente la casa, los objetos, los retratos evocan al poeta.

En Moguer, como en otros pueblos de Andalucía la baja, se huele el mar entre pinos y viñedos. En las callejas suenan voces y juegan los niños.

Los días, las estaciones, vienen y van. No es difícil distinguir su huella en las ramas, los naranjos o las golondrinas últimas.

Moguer vive en una de las obras más conocidas por los niños de habla castellana. *Platero y yo,* libro elegía, libro ternura, poemas en prosa, de cosas elementales y cotidianas, remansada vida de ese pueblo de principios de siglo.

«*Nací en Moguer* —escribe Juan Ramón Jiménez— *en Andalucía (¡qué nombre!) la noche de Navidad de 1881. Mi padre era castellano y tenía los ojos celestes, y mi madre andaluza y tiene los ojos negros. La blanca maravilla de mi pueblo guardó mi infancia en una casa vieja de grandes salones y verdes patios. De estos dulces años recuerdo muy bien que jugaba muy poco y que era gran amigo de la soledad...*»

Juegos de niño concentrado en sí mismo, ensimismado, realidad entrevista desde la penumbra del cuarto, desde la ventana que da al jardín, a «*través de los cristales de colores de la cancela del patio, por los que miraba azul o grana la luna y el sol...*».

En su infancia, en Moguer, en ese *Jardín cerrado donde un pájaro cantaba,* en la soledad, guardará su corazón. Allí encontraremos la raíz de su poesía.

«*Vine a Madrid a los diecisiete años. Rubén Darío me escribió a Moguer felicitándome por unos versos e instándome a venir a Madrid.*»

Madrid en las primeras décadas del siglo era una llamada, una cita para los poetas: Rubén Darío, Villaespesa, Machado, Valle-Inclán, Gómez de la Serna... se reúnen en las tertulias literarias. En Madrid, publica Juan Ramón sus primeros libros: *Almas de violeta, Ninfeas, Rimas...*

Herida su frágil, vulnerable sensibilidad por la muerte del padre, sobreviene la «*indiferencia más absoluta por la vida*». Se refugiará en Moguer, *¡qué bien le viene al corazón su primer nido!*, soledad y creación.

En 1916 publica en Madrid, donde vuelve a residir, *Diario de un recién casado*. De un poeta casado con la poesía, y recién casado con una inteligente escritora y traductora: Zenobia Camprubi.

Zenobia, compañera, colaboradora, alentadora. Zenobia, guardadora juanramoniana: zapato de boda, cartas, papeles, memorias, días... Quien vaya a la Casa-Museo de Moguer descubrirá en las cosas rescatadas por Zenobia su vida al lado del poeta.

Y la diáspora del 36, exilio-peregrinaje de América, hospitalidad de la Universidad, residencia final en Puerto Rico desde 1951.

Juan Ramón, «el andaluz universal» reconocido entre los grandes poetas de la lírica contemporánea, recibe el Nobel de Literatura en 1956. En esa misma fecha la luminosa sombra de Zenobia se extingue.

*Renaceré yo piedra*
*y aún te amaré mujer a ti.*

Lejos de Moguer, Juan Ramón Jiménez moría dos años más tarde, en mayo de 1958, en San Juan de Puerto Rico.

En un encalado pequeño cementerio de Moguer reposan Zenobia y Juan Ramón. Vi allí una amapola abierta al sol, un cielo azul, y estaban los pájaros cantando.

## Para leer esta antología

La poesía de Juan Ramón Jiménez se entrelaza con su extrema sensibilidad, con su ardiente soledad.

El poeta —*creador oculto*— se entrega a su obra, a corregirla, rehacerla, ordenarla. Se encierra apasionadamente en la palabra como realidad total. No es la única manera de sentir la poesía. Ni la vida. Pero Juan Ramón Jiménez eligió en la poesía buscar la vida, y en ella la poesía esencial.

Leer a Juan Ramón Jiménez es *contagiarse de otra poesía*, percibida en la belleza de lo pequeño, *«la plenitud de lo mínimo que llena el mundo»*, la hojita nueva, la amapola, el canto de un grillo, el olor a heno, el pájaro lejano...

*Sentido y elemento.*
Juan Ramón reclama nuestros sentidos, nuestra emoción. La imagen en su poesía se despliega en color, sonido, olor,

ritmo y una temblorosa intimidad. (Así era el Juan Ramón modernista.)

Celosía de colores, luz cambiando y combinando, tamizando sensaciones... Mirando a través de ella, entraremos en una *tranquilidad violeta,* llevándola con nosotros, los colores se mezclarán con sonidos, con olores, con nostalgias o alegrías.

*«el campo se llena / de su sentimiento / malva es el lamento / verde el verderol».*

Juan Ramón Jiménez mira a la naturaleza desde su cristal mágico y ésta se une a su poesía, se relaciona con su corazón. La naturaleza alcanza sutil vida poética en la visión intimista de Juan Ramón.

*Morado y verde limón*
*estaba el poniente madre.*
*Morado y verde limón*
*estaba mi corazón.*

Así imbricadas naturaleza y emoción, se deslizan en el poema, como un río subterráneo. Este pensamiento poético, surgirá en muchas páginas de esta antología: «Sentido y elemento», «Canción nocturna», «He venido...», «Verde verderol», «El pajarito verde», «La felicidad»...

La naturaleza, las cosas, entretejidas en el corazón juanramoniano, están recreadas desde su transparente Belleza. El mundo exterior y el mundo interior viven por y en lo Bello. Y en la palabra poética. Esta presencia, esta captura de la Belleza es una obsesión para el poeta. Por eso ciertos elementos se repiten una y otra vez adquiriendo sentido de símbolo. La rosa, el pájaro que canta, la luz, la rama florecida, el agua, la estrella están nombradas no sólo por lo que son, y son por la relación emotiva de quien las mira, sino porque aluden también a otra realidad, a una clave espiritual: poesía pura, libertad, plenitud del espíritu, eternidad.

En los poemas buscará cada vez más un lenguaje preciso y precioso. *«Intelijencia dame el nombre exacto de las co-*

sas» —escribe Juan Ramón Jiménez—. En el instante de crear las cosas, de nombrarlas, Juan Ramón intentará comprender-se y encontrar-se, ser en el centro del poema.

> ¡Ésta es mi vida: la de arriba,
> la de la pura brisa,
> la del pájaro último,
> la de las cimas de oro de lo oscuro!

> ¡Ésta es mi libertad: oler la rosa,
> cortar el agua fría con mi mano loca,
> desnudar la arboleda,
> cogerle al sol su luz eterna!

*Sentido y sonido.*

Al leer su poesía nos obliga a recrear una atmósfera, un tiempo sin trepidaciones, para poder escucharla. Rescatar la palabra de la sombra de la escritura. Recrear su musicalidad.

El sonido —el cantar del agua, del pájaro— es misterioso, escondido. Como la música de la poesía. ¿Dónde cantan los pájaros en estas ciudades grises? ¿Dónde cantan los pájaros que no vemos y presentimos tan lejos y tan cerca? ¿Dónde canta el agua?

Canta desde el rumor de voces antiguas, desde las baladas, desde los romances, desde las cancioncillas de la lírica popular *«como soy de Moguer y de Sevilla / canto mis ilusiones por seguidillas»*. Cantan desde la rima, la cadencia, el estribillo, la acentuación, la reiteración y, por supuesto, desde las palabras cantoras.

A veces lejana como las esquilas, sonidos de duermevelas, nos mece en un ritmo lento y nostálgico (por ejemplo, en «Verde verderol», «Los troncos muertos», «Recuerdo adolescente»), en otros la voz se hace vibrante, y el ritmo en su ligereza es impulso y rapidez («Ya viene la primavera», «La felicidad»...). A veces juega el viejo juego de preguntas y respuestas, y nos apremia con el insistente estribillo *(«¿Y qué más?»)* del poema «Abril». Aún otro guiño de este poemilla: las palabras de un verso enlazan con otra en el siguiente, eslabón a eslabón de una estructura (vieja, vieja, revieja) que se llama encadenamiento, y que nos recuerda antiguas rimas y cuentos infantiles.

*El Chamariz en el chopo*
*¿Y qué más?*

*El chopo en el cielo azul*
*¿Y qué más?*

*El cielo azul en el agua...*
*¿Y qué más?*

Cuando releo los poemas, sin darme cuenta cuándo, tal como el poeta lo había previsto, *súbitamente se me pone limpio el corazón.* Y canta o cuenta un cuento para invitar a leer el mundo de Juan Ramón.

Érase un reino donde la gente había olvidado lo verde, la luz y hasta el canto de los pájaros. Los niños decidieron encontrarlos y uno de ellos se puso en camino.

Pasaron días y días y el niño, desconsolado, se detuvo sin saber qué hacer.

Una muchacha que estaba en el camino se acercó y le preguntó: «¿qué tienes?», y el niño se lo dijo. Entonces ella le entregó unos papeles y le susurró:

—Encuentra huellas celestes, escucha lo que dice el agua. Espera. No tengas prisa. Verás a lo lejos un palacio con cúpulas de sol. Camina lentamente hasta el Jardín cerrado. Allí, si el silencio es de oro, si está tu corazón detenido, si estás tú en cada cosa, entonces brillará el cristal de luz, cantará el pájaro de la Eternidad.

Los cuentos no se los lleva el viento.

ANA PELEGRÍN

# Poemas

## EL PÁJARO LIBRE

Canta, pájaro lejano...
(¿En qué jardín, en qué campo?)

Yo, mientras ¿no me levante?
En la penumbra del cuarto
brilla el piano cerrado,
sueñan los pálidos cuadros...

Por mí, pájaro lejano.

Sobre el río habrá un ocaso
de espejos de mil encantos,
saltará un alegre barco
entre la luz de los álamos...

Canta, pájaro lejano.

En el huerto, los naranjos
se dilatarán de pájaros,
el azul irá cantando
en el agua del regato...

Por mí, pájaro lejano.

Tú, pinar, hondo palacio,
detendrás el viento plácido,
el mar entrará oleando
entre los adelfos blancos...

Canta, pájaro lejano.

Yo no me decido. Vago
por la penumbra del cuarto.
Zumba el piano cerrado,
viven los pálidos cuadros...

Por mí, pájaro lejano...
(¿En qué rosal, en qué árbol?)

# VERDE VERDEROL

Verde verderol,
¡endulza la puesta del sol!

Palacio de encanto,
el pinar tardío
arrulla con llanto
la huida del río.
Allí el nido umbrío
tiene el verderol.

Verde verderol,
¡endulza la puesta del sol!

La última brisa
es suspiradora;
el sol rojo irisa
al pino que llora.
¡Vaga y lenta hora
nuestra, verderol!

Verde verderol,
¡endulza la puesta del sol!

Soledad y calma;
silencio y grandeza.
La choza del alma
se recoje y reza.
De pronto, ¡oh, belleza!,
canta el verderol.

Verde verderol,
¡endulza la puesta del sol!

Su canto enajena.
—¿Se ha parado el viento?—
El campo se llena
de su sentimiento.
Malva es el lamento,
verde el verderol.

Verde verderol,
¡endulza la puesta del sol!

## EN MIS ÁLAMOS BLANCOS

En mis álamos blancos ponen las nubes
lijeras copas rosas por los azules.

Por los azules
la primavera viene pintando luces.

## LA AMAPOLA

¡Amapola, sangre de la tierra;
amapola, herida del sol;
boca de la primavera azul;
    amapola de mi corazón!

    ¡Como ríes por la viña verde,
por el trigo, por la jara, por
la pradera del arroyo de oro;
    amapola de mi corazón!

    ¡Novia alegre de los labios granas;
mariposa de carmín en flor;
amapola, gala de la vida;
    amapola de mi corazón!

## ABRIL

*(El Día y Robert Browning)*

El chamariz en el chopo.
—¿Y qué más?

—El chopo en el cielo azul.
—¿Y qué más?

—El cielo azul en el agua.
—¿Y qué más?

—El agua en la hojita nueva.
—¿Y qué más?

—La hojita nueva en la rosa.
—¿Y qué más?

—La rosa en mi corazón.
—¿Y qué más?

—¡Mi corazón en el tuyo!

# EL POETA A CABALLO

¡Qué tranquilidad violeta,
por el sendero, a la tarde!
A caballo va el poeta...
¡Qué tranquilidad violeta!

La dulce brisa del río,
olorosa a junco y agua,
la refresca el señorío...
La brisa leve del río...

A caballo va el poeta...
¡Qué tranquilidad violeta!

Y el corazón se le pierde,
doliente y embalsamado,
en la madreselva verde...
Y el corazón se le pierde...

A caballo va el poeta...
¡Qué tranquilidad violeta!

Se está la orilla dorando...
El último pensamiento
del sol, la deja soñando...
Se está la orilla dorando...

¡Qué tranquilidad violeta,
por el sendero, a la tarde!
A caballo va el poeta...
¡Qué tranquilidad violeta!

## TARTESIA ALTIVA

Como soy de Moguer y de Sevilla,
canto mis ilusiones por seguidillas.

Por seguidillas
canto mis ilusiones, Tartesia altiva.

## TRASCIELO DEL CIELO AZUL

¡Qué miedo el azul del cielo!
¡Negro!
¡Negro de día, en agosto!
¡Qué miedo!

    ¡Qué espanto en la siesta azul!
¡Negro!

¡Negro en las rosas y el río!
¡Qué miedo!

   ¡Negro, de día, en mi tierra
—¡negro!—
sobre las paredes blancas!
¡Qué miedo!

## ANDANDO

Andando, andando;
que quiero oír cada grano
de la arena que voy pisando.

Andando, andando;
dejad atrás los caballos,
que yo quiero llegar tardando
—andando, andando—,
dar mi alma a cada grano
de la tierra que voy pisando.

Andando, andando.
¡Qué dulce entrada en mi campo,
noche inmensa que vas bajando!

Andando, andando.
Mi corazón ya es remanso;
ya soy lo que me está esperando
—andando, andando—,
y mi pie parece, cálido,
que me está el corazón besando.

Andando, andando;
¡que quiero ver todo el llanto
del camino que estoy cantando!

## LA NUEVA PRIMAVERA

En el agua roja dos cisnes juntos nada-
[ban...
En mi sangre nadaba el dolor.

En el viento rojo dos rosas juntas se an-
[siaban...
En mi sangre me ansiaba el dolor.

En el cielo rojo dos mirlos rojos silba-
[ban...
En mi sangre silbaba el dolor.

49

## CANCIÓN NOCTURNA

¡Allá va el olor
de la rosa!
¡Cójelo en tu sinrazón!

¡Allá va la luz
de la luna!
¡Cójela en tu plenitud!

¡Allá va el cantar
del arroyo!
¡Cójelo en tu libertad!

# LA CABRA GUAPA

¡Ahí viene mi cabra guapa!
(¡La quiero como a una dama!)

    ¡Qué bien camina, miradla!
¡Cómo mira y cómo indaga!
¡Cómo de pronto se para!

    ... Si ramonea una parra,
si se echa a soñar, si salta,
si baja a mirarse al agua
de la charca lisa y plata,
si trepa al cabezo grana,
si huye del macho, si llama;
yo sé que yo (si le pongo
mi mano en su frente alzada)
soy yo para ella.
                    Y ella
(¡cómo sonríe, miradla!)
yo sé que es una mujer
que está escondida en la cabra.

## PÁJARO DEL AGUA

Pájaro del agua ¿qué cantas, qué encan-
[tas?

A la tarde nueva das una nostaljia
de eternidad fresca, de gloria mojada.
El sol se desnuda sobre tu cantata.

¡Pájaro del agua!

Desde los rosales de mi jardín, llama
a esas nubes bellas, cargadas de lágrima.
Quisiera, en las rosas, ver gotas de plata.

¡Pájaro del agua!

Mi canto también como el agua canta.
En mi primavera, la nube gris baja
hasta los rosales de mis esperanzas.

¡Pájaro del agua!

Quiero el son errante y azul que desgrana
en las hojas verdes, en la fuente clara.
¡No te vayas tú, corazón con alas!

Pájaro del agua ¿qué encantas, qué
[cantas?

## UN DESPERTAR EN MOGUER

Bajo mi sol, mi mañana ¡qué alegre mi viña
[fresca,
con mi río amoratado entre mi marisma y
[Huelva!

A la sombra de mis pinos, por mi honda
[carretera,
mi jente se entra despacio, aquí y allá por
[mis tierras.

Y en mi colina dorada de mi sol, mi pri-
[mavera,
entre mi humo, Moguer, mi Moguer blanco
[despierta.

Pero tengo un tú sin mí, una sílaba de-
[sierta
como mis cuatro horizontes: mar, colina,
[pino, sierra.

## TÚ MI REINA Y YO TU REY

(Llueve y llueve. Moguer gris se ha queda-
[do solo. Llueve.)
¡Petronila, qué alegría, qué alegría, cómo
[llueve!

Ven corriendo, Petronila, que mi hermana
[quiere verte
y nos sacará mi madre muchas cosas si tú
[vienes.

Nos iremos al descanso de la escalera,
[anda, vente.
allí te veré tu cara redonda en la bola
[verde.

Y bajaremos montados por las barandas
[lucientes
como en caballos del río, tú mi reina y yo
[tu rey.

¡Ven corriendo, Petronila, da una carrera
[y te vienes!
(Llueve y llueve. Mi Moguer desierto, fresco
[y alegre.)

## ESTE ESPANTO

¡Este espanto de encontrarme la imagen en
[el espejo!
Me parece la verdad de ése que me va si-
[guiendo.

Uno que me sigue a mí, ése que ver yo no
[puedo
sino cuando algún cristal me lo enseña en su
[reflejo.

Clavo en sus ojos mis ojos, hay un relente
[magnético
que me enfría penetrándome con el yelo de
[los muertos.

Tengo miedo de mí mismo, esta imagen
[me da miedo
y no sabiendo qué hacer me doy a mí mismo
[un beso.

# BALADA DE MI ESPAÑA

*(Ya se van los rebaños...*
                    POPULAR.)

«Ya se van los rebaños a la Estremadura,
ya se queda la sierra triste y oscura.»
Con ellos, madre, se va mi amor,
me quedo sola con mi dolor.

   Mientras caigan las nieves del pardo in-
                              [vierno,
mi pesar encerrado será lo eterno.
Sólo pensar y suspirar,
madre, pensar y suspirar.

   ¡Quién habitara, madre, la tierra clara
donde el amor contento no se separa!
¡Siempre cantar y sonreír,
                    madre, cantar y sonreír!

   ... Cuando vuelvan las flores de la pri-
                              [mavera,
¿volverán los pastores por la torrentera?
¿Me alegraría de mi dolor?
¿Vendrá con ellos, madre, mi amor?

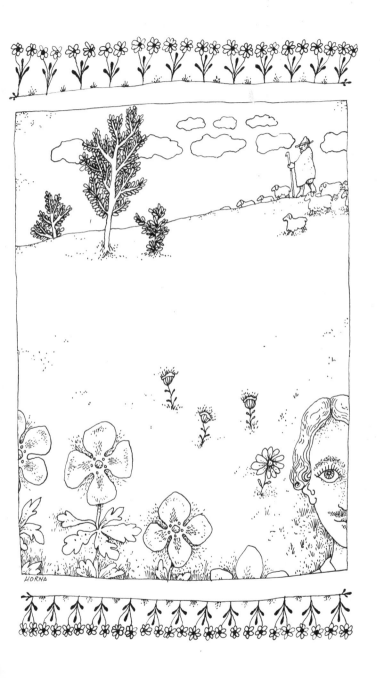

## ESTRELLA MADRE

Tú estás ahí sola y hermosa, madre,
como una estrella baja en la colina.

Yo estoy aquí en lo oscuro, desvelado
con lo despierto de tu luz blanquísima.

## ROSA, POMPA, RISA

Con la primavera
mis sueños se llenan
de rosas, lo mismo
que las escaleras
orilla del río.

   Con la primavera
mis rosas se llenan
de pompas, lo mismo
que las torrenteras
orilla del río.

   Con la primavera
mis pompas se llenan
de risas, lo mismo
que las ventoleras
orilla del río.

*Estas hojas en blanco esperan tu poema*

## PRELUDIO

¡El niño, tan dormido!

    Mientras, cantan los pájaros
y las ramas se mecen
y el sol grande sonríe.

    En la sombra dorada
(¿un siglo o un instante?)
el niño, tan dormido
(fuera aún de la idea
de lo breve o lo eterno).

    Mientras, cantan los pájaros
y las ramas se mecen
y el sol grande sonríe.

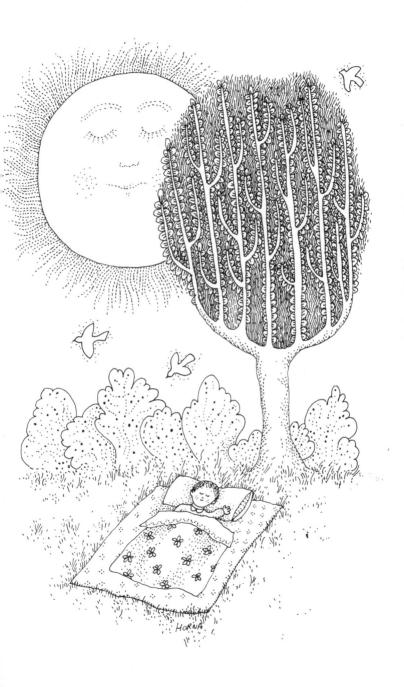

# RECUERDO ADOLESCENTE

En la quietud de estos valles
llenos de dulce añoranza,
tiemblan, bajo el cielo azul,
las esquilas de las vacas;
se duerme en la hierba, el sol
y en la ribera dorada,
sueñan los árboles verdes
al ir lloroso del agua.

El pastor descansa mudo
sobre su larga cayada,
mirando al sol de la tarde
de primavera, y las mansas
vacas van, de prado a prado,
subiendo hacia la montaña,
al son lejano y dormido
de sus esquilas con lágrimas.

... Pastor, toca un aire viejo
y quejumbroso en tu flauta;
llora en estos grandes valles
de languidez y nostaljia;
llora la yerba del suelo,
llora el diamante del agua,
llora el ensueño del sol
y los ocasos del alma.

¡Que todo, pastor, se inunde
con el llanto de tu flauta:
al otro lado del monte,
están los campos de España!

## MADRE

Si pudiera llevarte
yo a la nada, en mis brazos, de tu vida,
como tú me llevabas, cuando niño,
de tu pecho a la cuna.

# EL VALLE

Doraba la luna el río
(¡fresco de la madrugada!)
Por el mar venían olas
teñidas de luz de alba.

El campo débil y triste
se iba alumbrando. Quedaba
el canto roto de un grillo,
la queja oscura del agua.

Huía el viento a su gruta,
el horror a su cabaña;
en el verde de los pinos
se iban abriendo las alas.

Las estrellas se morían,
se rosaba la mañana;
allá en el pozo del huerto,
la golondrina cantaba.

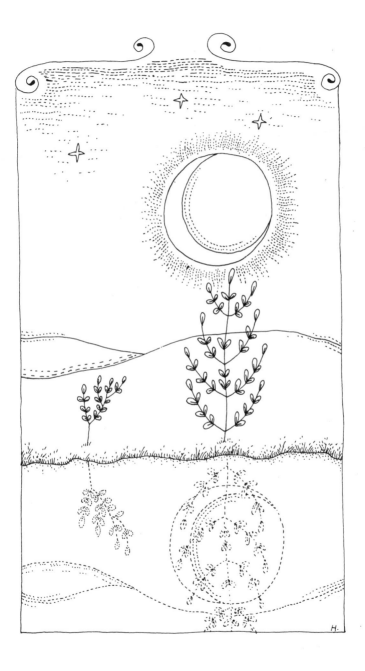

# YO NO SÉ DECIRME

Yo no sé decirme
por qué me retienes.
Yo no sé qué tienes.

Tienes dulces años,
mas no son tus años;
tienes gran blancura,
mas no es tu blancura;
tienes alta frente,
pero no es tu frente;
tienes verde pelo,
pero no es tu pelo;
tienes áureos ojos,
tienes vivos labios,
mas no son tus ojos,
mas no son tus labios;
tienes armonía,
no es tu melodía;
tienes condición
no es tu corazón…

Yo no sé decirte
por qué me retienes.
Yo no sé qué tienes…

*Esta hoja en blanco espera tu poema*

## EL PAJARITO VERDE

Morado y verde limón
estaba el poniente, madre.
Morado y verde limón
estaba mi corazón.

    ¡Verdugones de los golpes
de su rudo corazón!
...Morado y verde limón
estaba el poniente, madre.

# PASTORAL

Tristeza dulce del campo.
La tarde viene cayendo.
De las praderas segadas,
llega un suave olor a heno.

Los pinares se han dormido.
Sobre la colina, el cielo
es tiernamente violeta.
Canta un ruiseñor despierto.

Vengo detrás de una copla
que había por el sendero,
copla de llanto, aromada
con el olor de este tiempo;
copla que iba llorando
no sé qué cariño muerto,
de otras tardes de setiembre
que olieron también a heno.

## LOS TRONCOS MUERTOS

Ya están ahí las carretas...
(Lo han dicho el pinar y el viento,
lo ha dicho la luna de oro,
lo han dicho el humo y el eco...)
Son las carretas que pasan
estas tardes, al sol puesto,
las carretas que se llevan
del monte los troncos muertos.

¡Cómo lloran las carretas,
camino de Pueblo Nuevo!

Los bueyes vienen soñando,
a la luz de los luceros,
en el establo caliente
que sabe a madre y a heno.

Y detrás de las carretas,
caminan los carreteros,
con la aijada sobre el hombro
y los ojos en el cielo.

¡Cómo lloran la carretas,
camino de Pueblo Nuevo!

En la paz del campo van
dejando los troncos muertos
un olor fresco y honrado
a corazón descubierto.
Y cae el ánjelus desde
la torre del pueblo viejo,
sobre los campos talados
que huelen a cementerio.

¡Cómo lloran las carretas,
camino de Pueblo Nuevo!

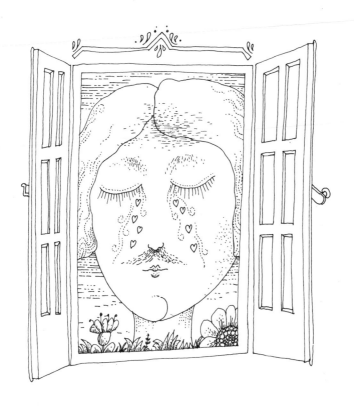

## CANCIÓN AGRIDULCE

Un poquito de sol,
y el jardín chorreante chorrea luz, amor.

   ¡Un poquito de sol,
y mis ojos que lloran llorarán luz, amor!

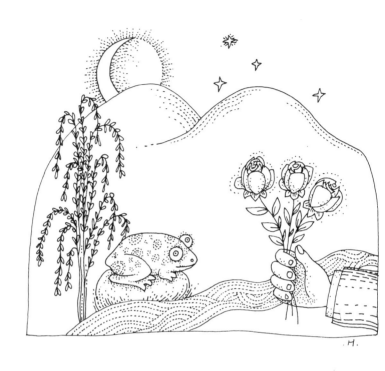

## PASTORAL

He venido por la senda,
con un ramito de rosas
del campo.
       Tras la montaña,
nacía la luna roja;

la suave brisa del río
daba frescura a la sombra;
un sapo triste cantaba
en su flauta melodiosa;
sobre la colina había
una estrella melancólica…

He venido por la senda,
con un ramito de rosas.

## YA VIENE LA PRIMAVERA

Ya viene la primavera
¡Lo ha dicho la estrella!

La primavera sin mancha.
¡Lo ha dicho la agua!

Sin mancha y viva de gloria.
¡Lo ha dicho la rosa!

De gloria, altura y pasión.
¡Lo ha dicho tu voz!

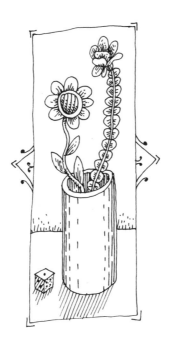

## CANCIÓN DE OTOÑO

Por un camino de oro van los mirlos...
¿Adónde?
Por un camino de oro van las rosas...
¿Adónde?
Por un camino de oro voy...
                              ¿Adónde,
otoño? ¿Adónde, pájaros y flores?

## CANCIÓN DE INVIERNO

Cantan. Cantan.
¿Dónde cantan los pájaros que cantan?

Ha llovido. Aún las ramas
están sin hojas nuevas. Cantan. Cantan
los pájaros. ¿En dónde cantan
los pájaros que cantan?

No tengo pájaros en jaulas.
No hay niños que los vendan. Cantan.
El valle está muy lejos. Nada…

Yo no sé dónde cantan
los pájaros —cantan, cantan—
los pájaros que cantan.

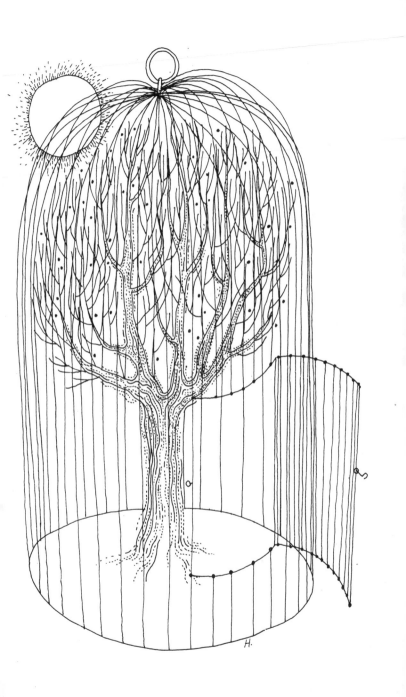

## LA FLOR TÚ

Toma esta flor, la flor
de la sombra del torreón.
¡Qué tranquilo es su olor!

    Estaba allí, allí
al pie del hormigón carmín,
en la yerba turquí.

    ¡Mira qué azul, qué azul
es, plateada y azul, de luz
segura (igual que tú)!

    Te la cojí, cojí
pensando en ti, en tu vivir
a la sombra de mí.

    Ten esta flor, la flor
del costado del torreón.
¡Qué feliz es su olor!

# CORAZÓN DE COLORES

*(La historia de Teresa...*
LAS NIÑAS.)

La historia de mi vida
os la quiero contar.
Mi vida fue de oro
(corazón, corazón de colores)
mi vida fue de oro
como en palacio real.

La historia de mi vida
os la quiero contar.
Mi vida fue de sangre
(corazón, corazón de colores)
mi vida fue de sangre
como un amapolal.

La historia de mi vida
os la quiero contar.
Mi vida fue de plata
(corazón, corazón de colores)
mi vida fue de plata
como un cristal raudal.

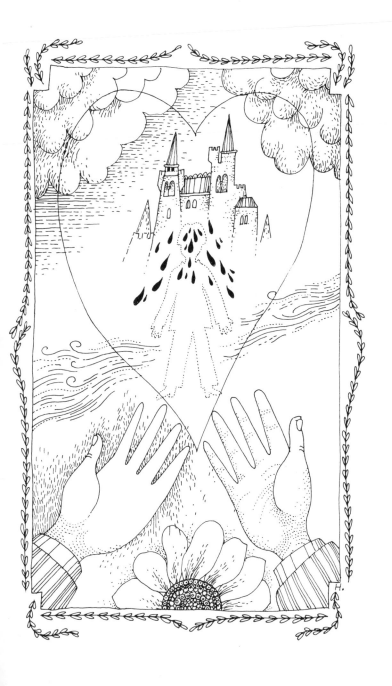

# LA VERDECILLA

Verde es la niña. Tiene
verdes ojos, pelo verde.

   Su rosilla silvestre
no es rosa, ni blanca. Es verde.

   ¡En el verde aire viene!
(La tierra se pone verde).

   Su espumilla fuljente
no es blanca, ni azul. Es verde.

   ¡En el mar verde viene!
(El cielo se pone verde).

   Mi vida le abre siempre
una puertecita verde.

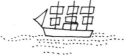

## EL NIÑO POBRE

Le han puesto al niño un vestido
absurdo, loco, ridículo;
le está largo y corto; gritos
de colores le han prendido
por todas partes. Y el niño
se mira, se toca, erguido.
Todo le hace reír al mico,
las manos en los bolsillos...
La hermana le dice —pico
de gorrión, tizos lindos
los ojos, manos y rizos
en el roto espejo—: «¡Hijo,
pareces un niño rico!...»

Vibra el sol. Ronca, dormido,
el pueblo en paz. Sólo el niño
viene y va con su vestido,
viene y va con su vestido...

HORNA

En la feria, están caídos
los gallardetes. Pititos
en zaguanes... Cuando el niño
entra en casa, en un suspiro
le chilla la madre: «¡Hijo
—y él la mira calladito,
meciendo, hambriento y sumiso,
los pies en la silla—, hijo,
pareces un niño rico!...»

Campanas. Las cinco. Lírico
sol. Colgaduras y cirios.
Viento fragante del río.
La procesión. ¡Oh, qué idílico
rumor de platas y vidrios!
¡Relicarios con el brillo
de ocaso en su seno místico!
... El niño, entre el vocerío,
se toca, se mira... «¡Hijo
—le dice el padre bebido;
una lágrima en el limo
del ojuelo, flor de vicio—,
pareces un niño rico!...»

La tarde cae. Malvas de oro
endulzan la torre. Pitos

despiertos. Los farolillos,
aun los cohetes con sol vivo,
se mecen medio encendidos.
Por la plaza, de las manos,
bien lavados, trajes limpios,
con dinero y con juguetes,
vienen ya los niños ricos.
El niño se les arrima
y, radiante y decidido,
les dice en la cara: «¡Ea,
yo parezco un niño rico!»

## LA COJITA

La niña sonríe: «¡Espera,
voy a cojer la muleta!»

   Sol y rosas. La arboleda
movida y fresca, dardea
limpias luces verdes. Gresca
de pájaros, brisas nuevas.
La niña sonríe: «¡Espera,
voy a cojer la muleta!»

   Un cielo de ensueño y seda,
hasta el corazón se entra.
Los niños, de blanco, juegan,
chillan, sudan, llegan:
                 «...nenaaa!»
La niña sonríe: «¡Espeeera,
voy a cojer la muleta!»

Saltan sus ojos. Le cuelga,
jirando, falsa, la pierna.
Le duele el hombro. Jadea
contra los chopos. Se sienta.
Ríe y llora y ríe: «¡Espera,
voy a cojer la muleta!»

¡Mas los pájaros no esperan;
los niños no esperan! Yerra
la primavera. Es la fiesta
del que corre y del que vuela...
La niña sonríe: «¡Espera,
voy a cojer la muleta!»

## CANCIÓN INTELECTUAL

Canción, tú eres vida mía,
y vivirás, vivirás;
y las bocas que te canten,
cantarán eternidad.

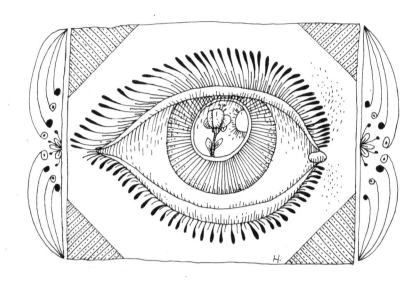

## LA FELICIDAD

¡Mira la amapola
por el verdeazul!

Y la nube buena,
redonda de luz.

¡Mira el chopo alegre
en el verdeazul!

Y el mirlo feliz
con toda la luz.

¡Mira el alma nueva
entre el verdeazul!

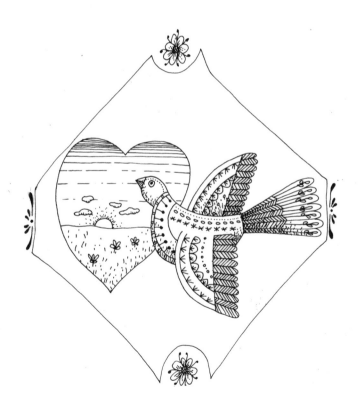

## RENACERÉ YO

Renaceré yo piedra,
y aún te amaré mujer a ti.

Renaceré yo viento,
y aún te amaré mujer a ti.

Renaceré yo ola,
y aun te amaré mujer a ti.

Renaceré yo fuego,
y aún te amaré mujer a ti.

Renaceré yo hombre,
y aún te amaré mujer a ti.

## SENTIDO Y ELEMENTO

¡El sabor
de los aires con el sol!

¡El frescor
de las piedras con el sol!

¡El olor
de las olas con el sol!

¡El color
de las llamas con el sol!

¡El rumor
de las sangres con el sol!

## LA ESTRELLA VENIDA

En el naranjo está la estrella.
¡A ver quién puede cojerla!

¡Pronto venid con las perlas,
traed las redes de seda!

En el tejado está la estrella.
¡A ver quién puede cojerla!

¡Oh, qué olor a primavera
su pomo de luz eterna!

En los ojos está la estrella.
¡A ver quién puede cojerla!

¡Por el aire, por la yerba,
cuidado, que no se pierda!

¡En el amor, está la estrella!
¡A ver quién puede cojerla!

## CANCION ESPIRITUAL

¡Ésta es mi vida: la de arriba,
la de la pura brisa,
la del pájaro último,
la de las cimas de oro de lo oscuro!

¡Ésta es mi libertad: oler la rosa,
cortar el agua fría con mi mano loca,
desnudar la arboleda,
cojerle al sol su luz eterna!

# SI VAS DE PRISA

*(A Miss Rápida)*

Si vas de prisa,
el tiempo volará ante ti, como una
mariposilla esquiva.

   Si vas despacio,
el tiempo irá detrás de ti,
como un buey manso.

## INTELIJENCIA

¡Intelijencia, dame
el nombre exacto de las cosas!
... Que mi palabra sea
la cosa misma,
creada por mi alma nuevamente.
que por mí vayan todos
los que no las conocen, a las cosas;
que por mí vayan todos
los que ya las olvidan, a las cosas;
que por mí vayan todos
los mismos que las aman, a las cosas...
¡Intelijencia, dame
el nombre exacto, y tuyo,
y suyo, y mío, de las cosas!

Adiós, Juan Ramón

inteli.jen.
cia, dame
el nombre
exacto de
las
cosas

## ÚLTIMOS TÍTULOS PUBLICADOS